탄탄 원리과학 클릭클릭

식물_식물의 성장

씨앗은 어디에서 났을까?

글_김윤경 그림_최민주 감수_이은주

여원미디어

모두 씨앗이야.
씨앗은 어디에서 났을까?

우산 같은 흰 갓털이 달린 **민들레** 씨

노란 **옥수수** 씨

길쭉한 세모처럼 생긴 **소나무** 씨

알록달록 **강낭콩** 씨

팔랑개비를 닮은 **단풍나무** 씨

쌀이라고 부르는 **벼** 씨

작고 단단한 **봉선화** 씨

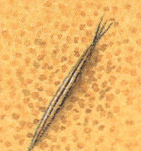
삐죽삐죽 가시가 돋아난 **도깨비바늘** 씨

까끌까끌한 껍질에 싸여 있는 **벼**

단단한 껍질에 싸여 있는 **도토리**

꼬투리 속에 들어 있는 **작두콩과 봉선화**

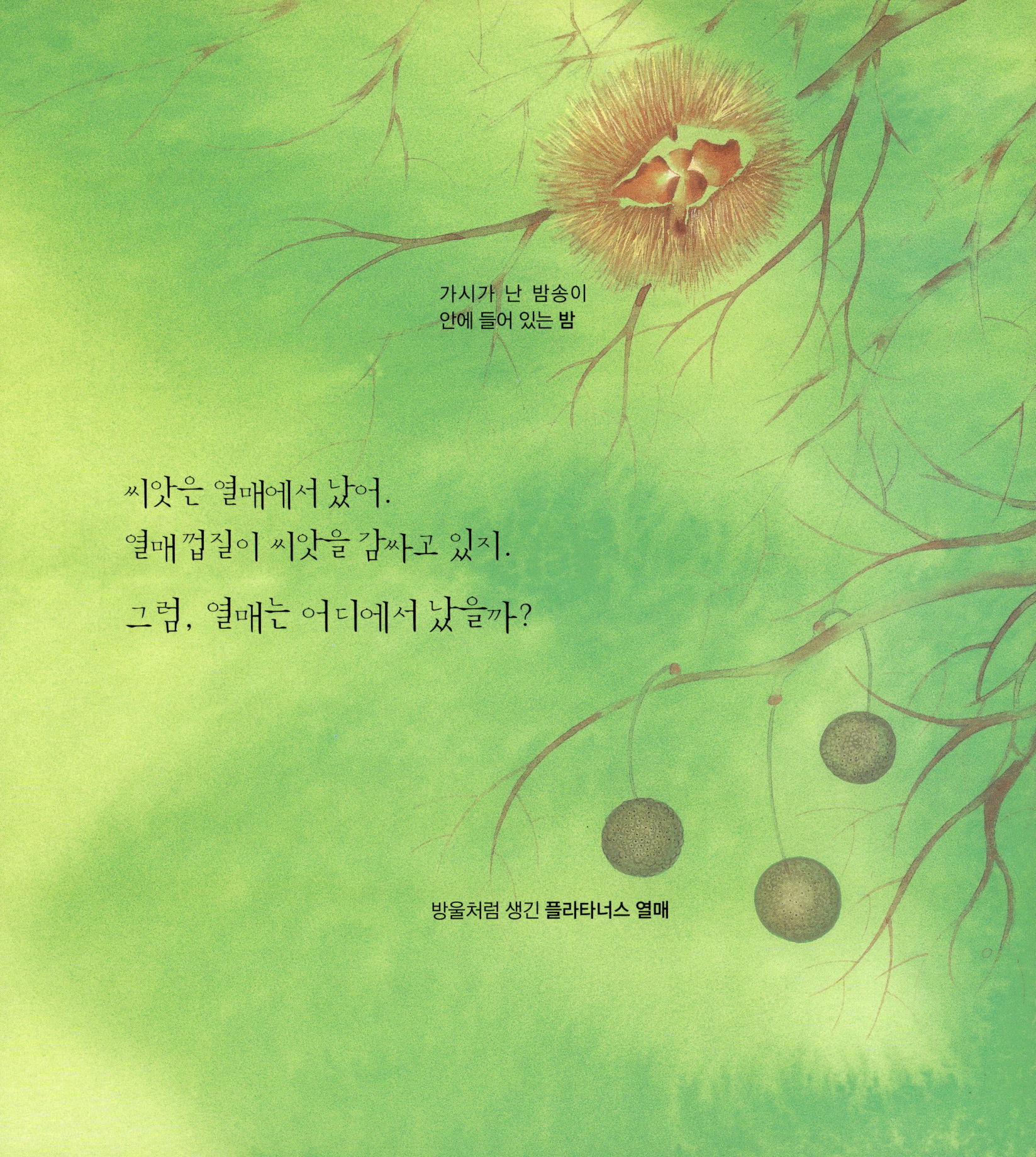

가시가 난 밤송이
안에 들어 있는 밤

씨앗은 열매에서 났어.
열매껍질이 씨앗을 감싸고 있지.

그럼, 열매는 어디에서 났을까?

방울처럼 생긴 **플라타너스 열매**

동백꽃은 새가 꽃가루를 옮겨 주어요. 너무 이른 봄에 피기 때문에 곤충들이 없거든요.

옥수수

벼, 옥수수, 참나무, 소나무처럼 꽃이 예쁘지도 않고 꿀도 없는 꽃들은 바람이 꽃가루를 옮겨 주어요.

개망초

민들레

열매는 꽃 속에서 났어.
꽃이 저절로 열매를 맺는 건 아니야.
곤충이나 새가 꽃가루를 옮겨 주어야 해.
그럼, 꽃은 어디에서 피었을까?

호박꽃
벌과 나비 같은 곤충들은 꿀을 얻기 위해
이 꽃, 저 꽃으로 날아다녀요.
이때 곤충의 몸에 꽃가루가 묻어서
함께 옮겨져요.

튤립
줄기 끝에 딱 한 송이의 꽃이 피기도 해요.

수선화

제비꽃

꽃은 줄기에서 피었어.
줄기가 자라면서 가지가 갈라지고
꽃봉오리가 맺혀.

수세미
곧은 줄기에 덩굴손이
달려 있는 식물도 있어요.

토끼풀
가느다란 줄기가 옆으로
누워서 자라기도 해요.

민들레
여러 개의 꽃이
다닥다닥 모여서 피어요.

상수리나무 잎

잎이 넓적하고 그물처럼 생긴 잎맥이 있어요.

손바닥처럼 생긴
단풍나무 잎

부채처럼 생긴
은행나무 잎

삐쭉삐쭉한 **민들레 잎**은 줄기가 아니라 뿌리에서 바로 나요.

바늘처럼 생긴
소나무 잎

옥수수 잎
잎이 길고 나란히 이어진 잎맥이 있어요.

줄기에서는 잎도 돋아나.
줄기가 높이, 멀리 뻗어 나갈수록
가지마다 잎도 많아져.

줄기와 잎이 저절로 자라는 건 아니야.
땅속에서 뿌리가 물을 빨아들여야 해.

벼
수염처럼 생긴
가는 뿌리가 났어요.

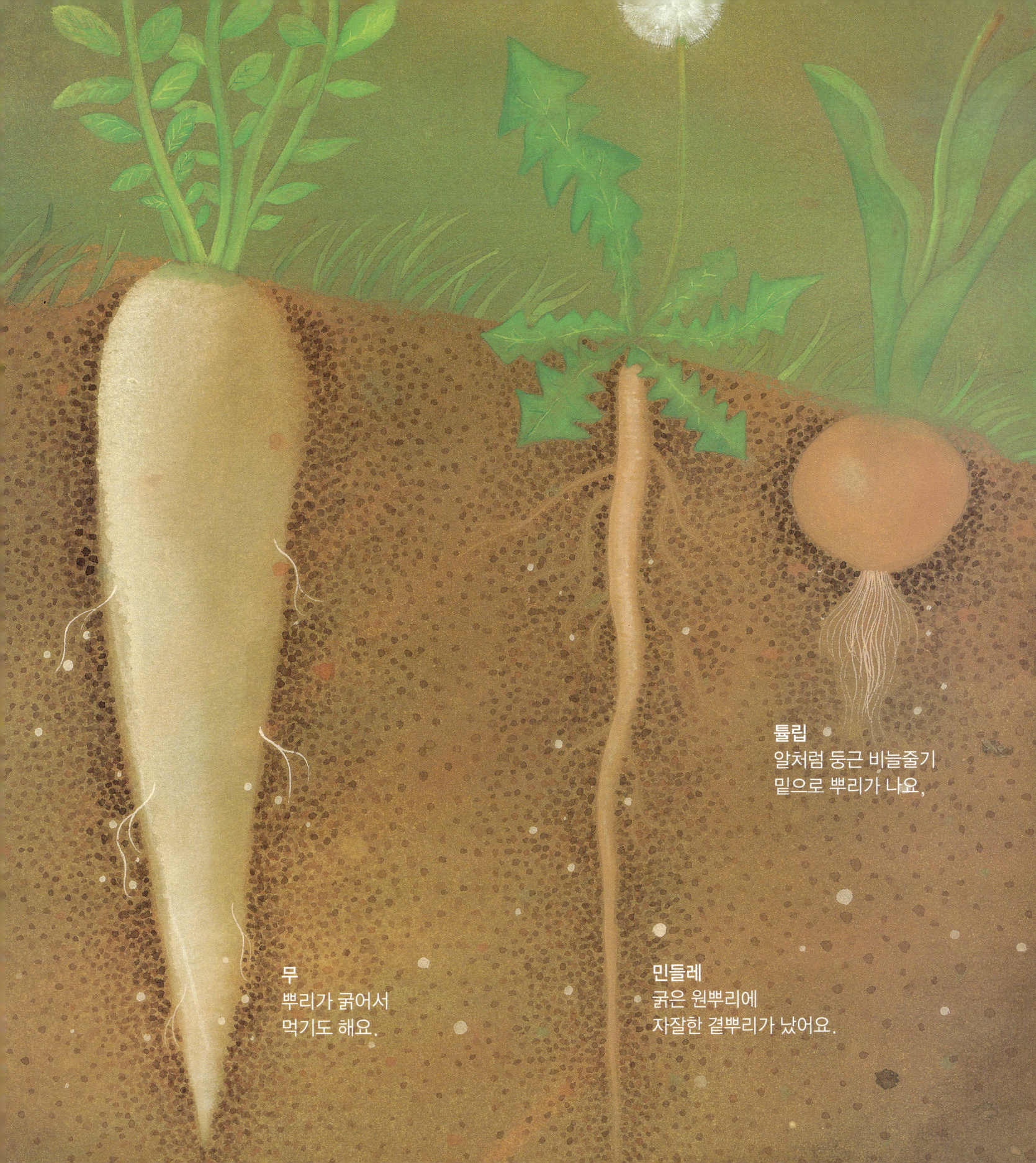

잎이 햇빛과 공기를 얻고, 뿌리가 물을 빨아들이면
영양분을 만들 수 있어.

그럼, 줄기와 잎, 뿌리는 어디에서 났을까?

식물은 햇빛과 물, 공기만 있으면
영양분을 만들 수 있어요.
이것을 '광합성' 이라고 해요.

잎에는 엽록소라는
작은 초록색 알갱이가 있어요.
잎이 초록색으로 보이는 것은
엽록소 때문이지요.

뿌리는 물과 영양분을 빨아들여요.

봉선화

잎에서 만들어진 영양분은
다시 줄기를 타고 온몸에
퍼져 뿌리까지 와요.

파리지옥
파리나 개미 같은 작은 곤충을
잡아먹는 식물도 있어요.
바로 식충식물이에요.

줄기와 잎, 뿌리는 아주 작은 싹에서 시작되었어.
그래서…

어린 뿌리가 자라고,
가느다란 줄기가 땅을 뚫고 올라오면
부드러운 떡잎을 활짝 펼쳐.

그럼, 아주 작은 싹은 어디에서 났을까?

처음 땅 위로 올라온 줄기에 난 잎을
떡잎이라고 해요.

무

호박

옥수수
떡잎이 한 장이에요.

소나무
떡잎이 3~10장이나 되요.

봉선화

토마토

떡잎이 두 장이에요.

아주 작은 싹은 씨앗에서 났어.
씨앗 속에서 자라다가
때가 되면, 씨앗을 뚫고 나와.

완두콩

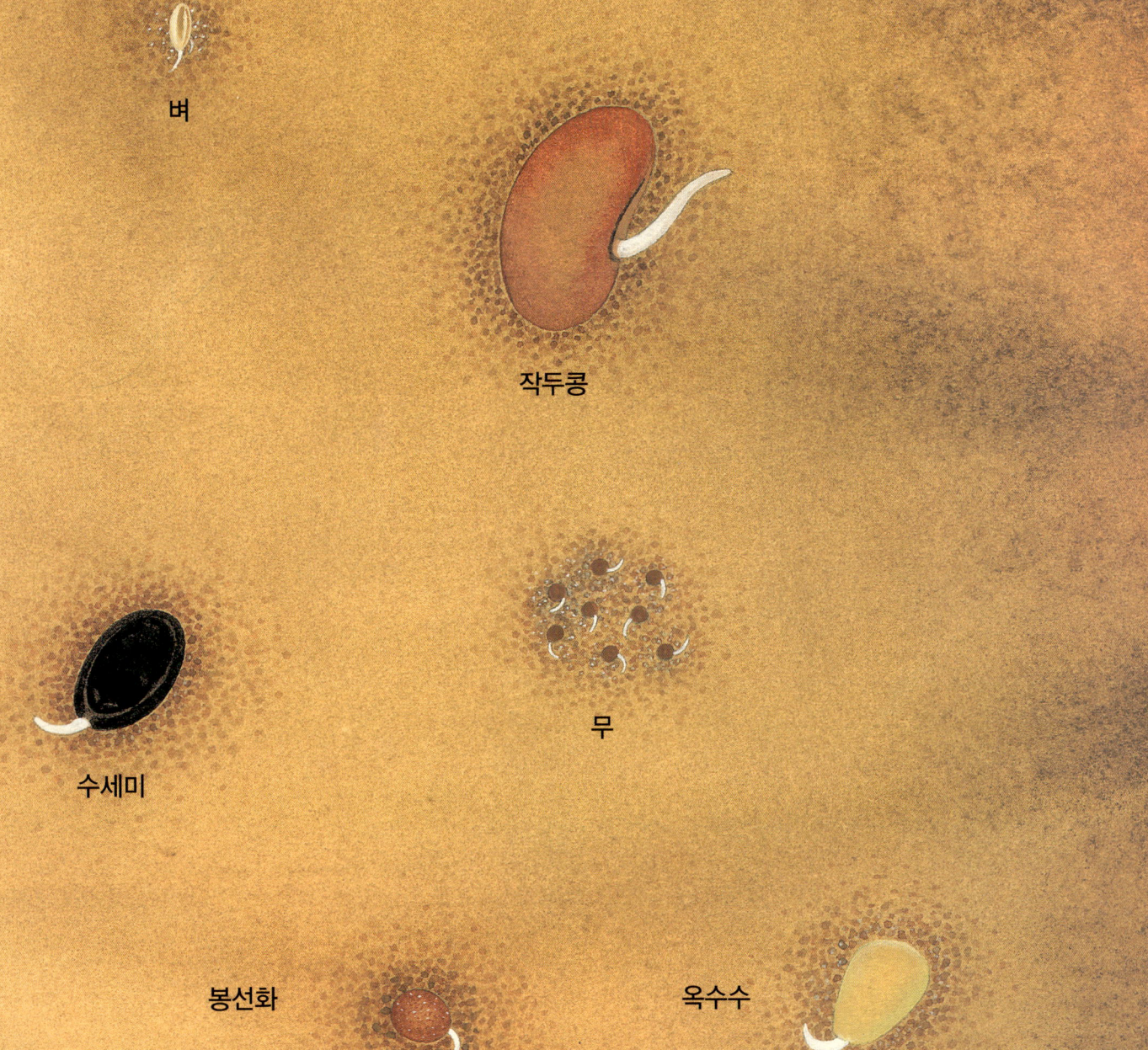

씨앗에서 싹이 저절로 트는 건 아니야.
씨앗이 촉촉하고 물렁물렁해지도록 물이 있어야 해.
씨앗을 따뜻하게 해 주는 햇볕도,
숨을 쉴 수 있게 해 주는 공기도 필요해.

싹이 트려면 따뜻한 햇볕과
물이 필요해요.

땅이 데워지고, 씨앗이 물을
빨아들이면 씨앗이 부풀면서
말랑말랑해져요.

봉선화

뿌리가 쭉쭉 뻗어 나가고,
어린 싹이 자라서 고개를
땅 위로 밀어 올려요.

씨껍질이 갈라지면서
하얀 뿌리가 삐죽 나와요.

이제 알겠니.
씨앗이 어디에서 났는지.
씨앗은 씨앗 속에서 났어.

봉선화

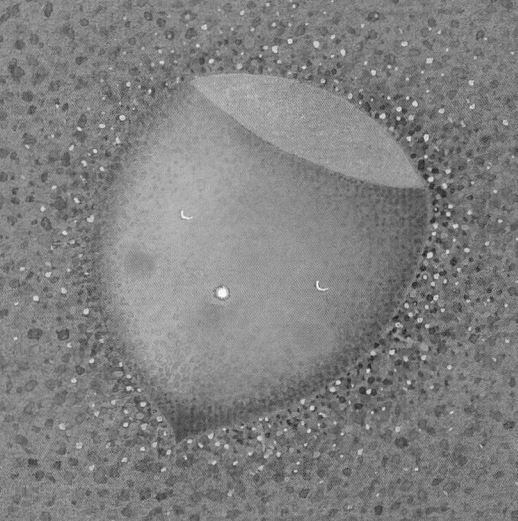

아무리 힘들고 오래 걸려도,
씨앗은 자라서 꽃을 피우고
열매를 맺고
다시 여러 개의 씨앗을 맺을 거야.

교수님이 들려주는 생명 이야기

씨앗은 어디에서 났을까?

이은주(서울대학교 생명과학부 교수)

봄이 되면, 겨우내 얼었던 땅이 녹으면서 연초록의 어린 싹이 흙을 뚫고 삐죽 올라 온답니다. 생명의 놀라운 모습이지요. 연한 싹이 흙을 헤치고 나오는 모습은 보고 또 보아도 싫증이 나지 않는답니다.

씨앗은 어디로부터 온 것일까요? 많은 경우 씨앗은 열매의 일부랍니다. 사과를 보면, 딱딱한 핵 안에 씨앗이 여러 개 들어 있답니다. 감도 같은 구조를 가지고 있지요. 쌀알을 자세히 본 적이 있나요? 쌀알의 윗부분을 자세히 보면 씨눈(배)이 달려 있답니다. 이 씨눈은 나중에 적당한 환경을 만나면 어린 싹이 된답니다. 쌀알의 나머지 부분은 씨젖(배젖)이랍니다. 씨젖은 씨눈이 어린 싹으로 자라 스스로 광합성을 해서 영양분을 만들 수 있을 때까지, 영양분을 공급해 줍니다. 우리가 먹는 쌀은 대부분이 바로 이 씨젖이랍니다. 씨눈은 맛이 조금 없기 때문에 버리기도 하지만, 씨눈에는 좋은 영양분이 들어 있기 때문에 꼭 먹도록 하세요.

씨앗에서 어린 싹이 자라는 데에는 어떤 조건이 필요할까요? 세 가지가 가장 중요한답니다. 첫 번째는 물, 두 번째는 산소, 세 번째는 적당한 온도랍니다. 씨눈이 자라기 위해서는 배젖을 먹어야 합니다. 배젖은 물을 만나면 분해되어 영양분이 된답니다. 이때 산소가 필요하며, 적당한 온도

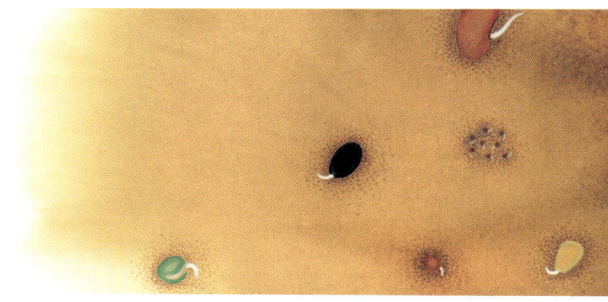

에서 영양분을 더 쉽게 얻을 수 있지요. 그래서 봄비가 내린 뒤에 날씨가 따뜻해지면, 땅속 씨앗에서 많은 싹이 나온답니다. 싹이 흙을 뚫고 나오는 모습을 잘 보세요. 마치 홍학의 목처럼 굽어 있지요. 이것은 연약한 잎이 상처를 입지 않도록 보호하기 위한 수단이랍니다. 흙을 뚫고 나온 연한 잎은 펼쳐지면서, 처음으로

햇빛을 받아 스스로 영양분을 만들어 낸답니다. 바로 광합성을 시작하지요. 광합성이란, 녹색 잎 안에 있는 엽록체에서 빛 에너지를 이용해 이산화탄소와 물로 녹말을 만들어 내는 과정이랍니다. 이 광합성에서 지구의 모든 생물에게 꼭 필요한 산소가 만들어지지요.
식물은 햇빛, 이산화탄소, 물만 있으면 살아갈 수 있을까요? 아니랍니다. 질소, 인, 칼륨 같은 영양분도 필요로 한답니다. 이런 영양분은 주로 땅속에서 뿌리가 빨아들이지요. 필요한 영양분들을 고루 있어야 식물이 잘 자란답니다.
여름이 되어 꽃이 피면, 식물은 자람을 멈추고 광합성에서 만든 영양분을 새로운 씨앗을 만드는 데 사용한답니다.

봄에 하나의 씨앗에서 시작해 가을이 되면 수십 개, 수백 개의 씨앗을 만들어 퍼트린답니다. 씨앗은 자기가 맡은 일을 잘 마치고 다시 씨앗으로 돌아갑니다.

글을 쓴 김윤경 님은 대학에서 생물학을 공부하였고, 어린이책 만드는 일을 하였습니다. 지금은 어린이책 작가로 활동하고 있습니다.

그림을 그린 최민주 님은 1994년 한국출판미술대전에서 황금도깨비상을 수상하였고, 오랫동안 그림책 작업을 하였습니다. 지금은 남산 자락의 작업실에서 곤충과 식물을 직접 키우고 기르면서 그림책 작업에 열중하고 있습니다. 작품으로는 〈시장 나들이〉 〈이야기 삼강오륜〉 〈흥부놀부〉 등이 있습니다.

감수를 한 이은주 님은 서울대학교 식물학과를 졸업하고, 같은 대학교에서 석사 학위를 받았습니다. 캐나다 마니토바대학에서 식물학 박사 학위를 받고, 지금은 서울대학교 생명과학부 교수로 재직하고 있습니다. 생명의 근간이 되는 식물에 어린이들이 더 많은 관심을 갖기를 바라는 마음으로, 어린이책에 애정을 쏟고 있습니다.

식물_식물의 성장 씨앗은 어디에서 났을까?
글_ 김윤경 그림_ 최민주 감수_ 이은주

펴낸이_ 김동휘 **펴낸곳_** 여원미디어㈜ **출판등록_** 제406-2009-0000032호
주소_ 경기도 파주시 회동길 130(문발동) 탄탄스토리하우스 **전화번호_** 080 523 4077 **홈페이지_** www.tantani.com
기획·편집·디자인 진행_ 글그림 **기획_** 이기경 김세실 안미연 **편집_** 이연수 **일러스트 디렉팅_** 김경진 **디자인_** 이경자
제작책임_ 강인석 **인쇄_** 새한문화사 **제책_** ㈜책다움 **판매처_** 한국가드너㈜ **마케팅_** 김미영 조호남 김명희 오유리

Plants_Growth of Plants   Where does This Seed Come From?
Where does this seed come from? This seed came from its own kind. When it is sown, its roots grow down into the ground and its stem grows up above the ground along with leaves or flowers.
Most flowers eventually bear seeds. This process gives you an answer where the seed come from.

이 책에 실린 글과 그림의 무단 복제 및 전재를 금합니다.

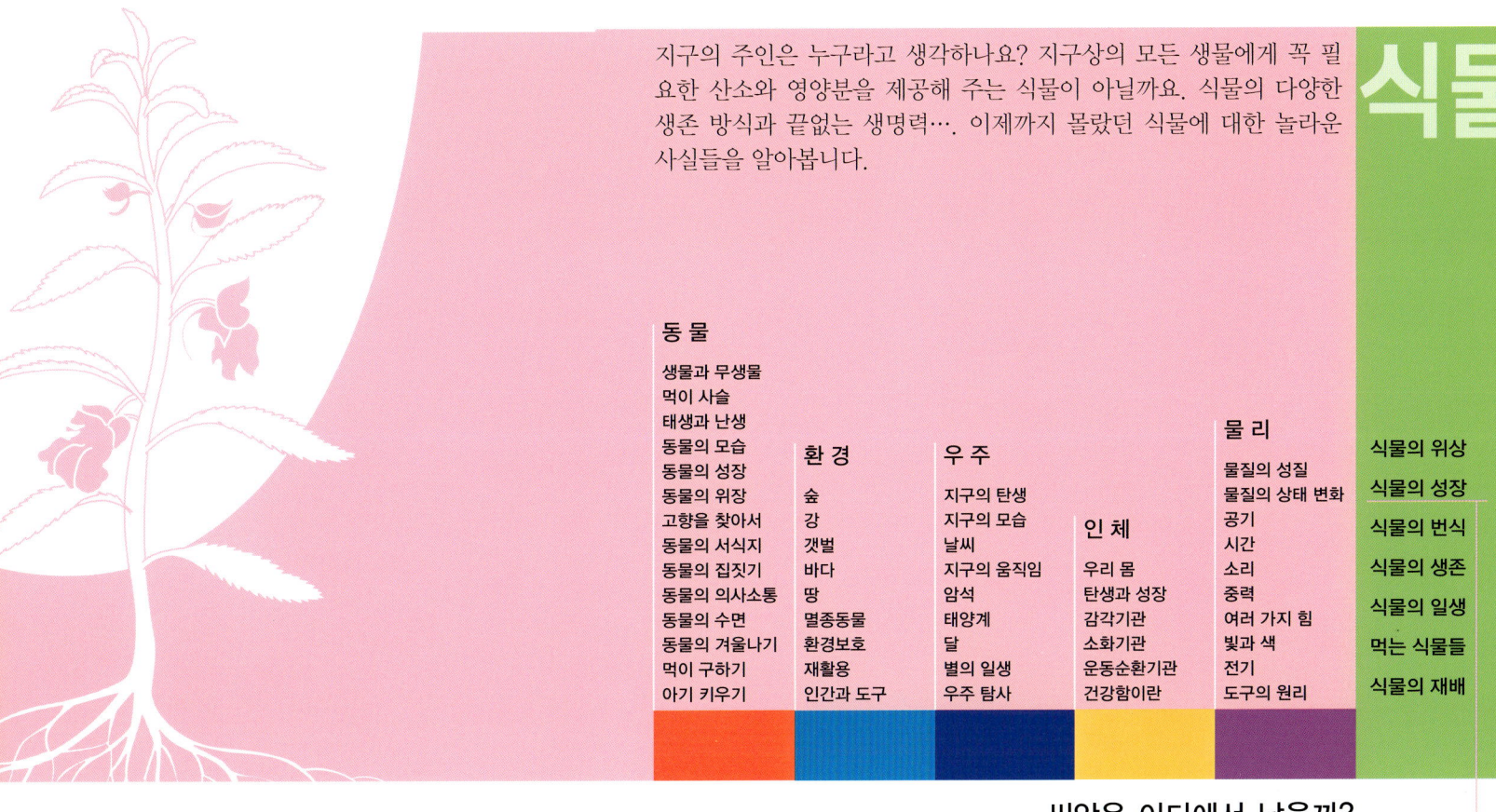

식물

지구의 주인은 누구라고 생각하나요? 지구상의 모든 생물에게 꼭 필요한 산소와 영양분을 제공해 주는 식물이 아닐까요. 식물의 다양한 생존 방식과 끝없는 생명력…. 이제까지 몰랐던 식물에 대한 놀라운 사실들을 알아봅니다.

동물
생물과 무생물
먹이 사슬
태생과 난생
동물의 모습
동물의 성장
동물의 위장
고향을 찾아서
동물의 서식지
동물의 집짓기
동물의 의사소통
동물의 수면
동물의 겨울나기
먹이 구하기
아기 키우기

환경
숲
강
갯벌
바다
땅
멸종동물
환경보호
재활용
인간과 도구

우주
지구의 탄생
지구의 모습
날씨
지구의 움직임
암석
태양계
달
별의 일생
우주 탐사

인체
우리 몸
탄생과 성장
감각기관
소화기관
운동순환기관
건강함이란

물리
물질의 성질
물질의 상태 변화
공기
시간
소리
중력
여러 가지 힘
빛과 색
전기
도구의 원리

식물
식물의 위상
식물의 성장
식물의 번식
식물의 생존
식물의 일생
먹는 식물들
식물의 재배

씨앗은 어디에서 났을까?